BEI GRIN MACHT SICH IHR WISSEN BEZAHLT

- Wir veröffentlichen Ihre Hausarbeit, Bachelor- und Masterarbeit

- Ihr eigenes eBook und Buch - weltweit in allen wichtigen Shops

- Verdienen Sie an jedem Verkauf

Jetzt bei www.GRIN.com hochladen und kostenlos publizieren

Vanessa Schäfer

Soziales Kapital, Netzwerke, Integration

Der Einfluss des sozialen Kapitals auf die Migrationsentscheidung und den Grad der sozialen Integration

GRIN Verlag

Bibliografische Information der Deutschen Nationalbibliothek:

Die Deutsche Bibliothek verzeichnet diese Publikation in der Deutschen National-
bibliografie; detaillierte bibliografische Daten sind im Internet über http://dnb.d-
nb.de/ abrufbar.

Impressum:

Copyright © 2010 GRIN Verlag, Open Publishing GmbH
Druck und Bindung: Books on Demand GmbH, Norderstedt Germany
ISBN: 978-3-640-91963-5

Dieses Buch bei GRIN:

http://www.grin.com/de/e-book/172138/soziales-kapital-netzwerke-integration

Universität Bremen   29.08.2010

Fachbereich 08 – Soziologie

Sommersemester 2010

Schriftliche Ausarbeitung des Referats zum Seminar vom 06.07.2010

„Migration und Integration in Europa"

„Soziales Kapital, Netzwerke, Integration"

Schäfer, Vanessa

Soziologie B.A.

5. Fachsemester

Inhaltsverzeichnis

1. Einleitung

In dieser Arbeit möchte ich den Einfluss sozialen Kapitals sowohl auf die Migrationsentscheidung als auch auf den Grad der sozialen Integration aufzeigen. Zur Einführung werde ich eine zusammenfassende Übersicht der allgemeinen Definitionen von sozialem Kapital darlegen. Anschließend wird der Zusammenhang zwischen sozialem Kapital und Migration beleuchtet. Dazu werden zunächst die theoretischen Ansätze in der Migrationsforschung skizziert, bevor auf die Bedeutung des sozialen Kapitals in der Migrationsforschung eingegangen wird. In diesem Zusammenhang wird der Einfluss sozialer Netzwerke auf die Migrationsentscheidung anhand von Kettenmigrationsprozessen dargestellt. In einem weiteren Abschnitt soll der Einfluss sozialen Kapitals auf die soziale Integration betrachtet werden. Hierzu wird eine Studie, die die soziale Integration von Migranten unter Berücksichtigung des sozialen Kapitals untersucht, vorgestellt und die wichtigsten Ergebnisse hervorgehoben. Vor dem Hintergrund der bearbeiteten Texte wird abschließend ein Fazit gezogen.

2. Soziales Kapital

Soziales Kapital ist in der Forschung nicht einheitlich definiert, da der Begriff von mehreren Forschern aus verschiedenen Arbeitsbereichen verwendet wird. Um die Vielfalt der Verwendung des Begriffs zu verdeutlichen, wird im folgenden Abschnitt zunächst eine zusammenfassende Übersicht der Definitionen gegeben. Im nächsten Gliederungspunkt wird dann genauer auf die Bedeutung des sozialen Kapitals in der Migrationsforschung eingegangen.

2.1. Allgemeine Definitionen

Bei *Glenn C. Loury* (1977) meint soziales Kapital die Menge an Ressourcen, die in Familienbeziehungen und in sozialen Organisationen der Gemeinschaft enthalten sind und dadurch die soziale Entwicklung eines Kindes fördern. Soziales Kapital liefert den Beitrag zum Erwerb von Humankapital. *James S. Coleman* (1987) grenzt das soziale Kapital vom Humankapital ab. Vereinfacht dargestellt stellen die Knoten innerhalb eines Netzwerkes das Humankapital dar während die verbindenden Linien als soziales Kapital zu sehen sind. Coleman sieht diese sozialstrukturellen Ressourcen als öffentliches Gut, dessen Auftreten unwahrscheinlich ist. Nach *Pierre Bourdieu* (1983) sind unter sozialem Kapital Ressourcen zu verstehen, die aus der Zugehörigkeit zu einer Gruppe resultieren. *Jane Jacobs* (1961) argumentiert aus der stadtsoziologischen Perspektive, dass Nachbarschaftsnetzwerke das soziale Kapital einer Stadt sind. Demnach stärken Nachbarschaftsbeziehungen innerhalb eines Bezirks das Miteinander der dort lebenden Menschen und verringern somit die Kriminalitätsbereitschaft in eben diesem Gebiet. *Robert D. Putnam* (1993) sieht das bestehende Vertrauen innerhalb einer Gesellschaft als soziales Kapital und dieses als Lösung für Probleme des kollektiven Handelns. Grundlegende Bedingung für die Entstehung von Vertrauen, also sozialem Kapital, sind Normen und Netzwerke. Durch hohes soziales Kapital innerhalb einer Gesellschaft wird die freiwillige Kooperation zwischen Gesellschaftsmitgliedern stark begünstigt. *Henk Flap* (1988) definiert soziales Kapital als soziale Beziehungen, die zur Erreichung individueller Ziele instrumentalisiert werden können. Nach seiner Definition setzt sich Soziales Kapital aus mehreren Aspekten zusammen. Zum einen aus der Anzahl derer, die zur Erreichung potenzieller Ziele „nutzen" und zum anderen aus der Stärke der Beziehung zu eben diesen Personen. Aus der Stärke der Beziehung wird auf das Ausmaß der von der Person zu erwartenden Hilfe geschlossen. Den dritten Aspekt liefern die durch die Beziehung nutzbaren Ressourcen selbst. *Ronald S. Burt* (1992) betont, dass soziales Kapital von beiden Teilen der bestehenden Beziehung nutzbar ist. Scheidet ein Teil aus der Beziehung aus, ist das soziale Kapital auch für den anderen Teil nicht mehr nutzbar. Wenn eine soziale Beziehung nicht mehr besteht, kommt es zur Auflösung des sozialen Kapitals. Soziale Netzwerke sind auch hier die Quelle von sozialem Kapital. Es gibt Positionen innerhalb eines Netzwerkes, die hinsichtlich der Nutzung von sozialem Kapital besonders günstig sind. *Alejandro Portes* (1995) konzipiert den Begriff des sozialen Kapitals als Abkürzung für die positiven ökonomischen Effekte, die sich aus sozialen Strukturen ergeben. Auch bei *Thomas Faist* (1995) wird die Bedeutung von Netzwerken ins Zentrum gestellt, da sie zur Ansammlung und Nutzung von sozialem Kapital verwendet werden.

3. Soziales Kapital und Migration

Bevor nun speziell auf die Bedeutung des sozialen Kapitals in der Migrationsforschung eingegangen wird, werden zur Übersicht zunächst die theoretischen Ansätze in der Migrationsforschung skizziert.

3.1.Theoretische Ansätze in der Migrationsforschung

Im Zentrum der Migrationsforschung steht die Frage warum Migration stattfindet. Zur Erklärung wurde eine Reihe theoretischer Ansätze entwickelt, die sich grob in mikro- und makrotheoretische, sowie in ökonomische und nicht-ökonomische Ansätze unterteilen lassen. In *makroökonomischen* Ansätzen ist das Lohnniveau einer Region ausschlaggebender Faktor bei der Migrationsentscheidung. Wanderungen finden demnach zwischen Regionen mit unterschiedlichen Lohnniveaus statt, wobei die Lohndifferenz den Anstoß zur Migration liefert. Dieser Ansatz lässt die Schlussfolgerung zu, dass zwischen Regionen mit gleichen Lohnniveaus keine Wanderungen stattfinden. Laut *mikroökonomischem* Ansatz kommt es zu einer individuellen Kosten-Nutzen-Kalkulation. Die Migration wird in diesen Ansätzen als Investition betrachtet. Wenn die Kosten einer Migration hinsichtlich des zu erwarteten Nutzens zu hoch sind, wird sie nicht getätigt. Bei dieser Kalkulation spielt die Diskontrate eine zentrale Rolle. Gemeint ist hier die Bewertung der Präferenz für gegenwärtige Gewinne im Vergleich zu zukünftigen Gewinnen. Aus der mikroökonomischen Sicht würde man also so argumentieren, dass ein höheres Lohnniveau nicht zwangsläufig zu einer Wanderung führt, da man nicht davon ausgehen kann, dass ein höheres Einkommen für jeden an erster Stelle steht. Ein Kritikpunkt an den ökonomischen Ansätzen allgemein ist, dass die Mechanismen auf der Mikroebene nicht näher bestimmt werden. Makrotheorien beziehen sich zu stark auf die Aggregatebene, so dass es zu einer Vernachlässigung handlungstheoretischer Annahmen kommt.

In mikrotheoretischen Ansätzen wird die Selektivität von Wanderungen berücksichtigt. Außerdem können nicht-monetäre Aspekte durch akteurstheoretische Annahmen mit einbezogen werden. Kritisiert werden die mikrotheoretischen Ansätze aus der netzwerktheoretischen Perspektive. Es wird bemängelt, dass die Einbettung individueller Akteure in soziale Netzwerke außer Acht gelassen wird. Ohne die Analyse von Migrationsnetzwerken können Phänomene wie die Entwicklung von Kettenwanderungsprozessen nicht erklärt werden.

3.2. Soziales Kapital in der Migrationsforschung

Im Sozialkapitalansatz von *Portes* (1998) wird die Funktionsweise von Migrantennetzwerken verdeutlicht. Im ersten Teil dieser Ausarbeitung wurde schon kurz auf die Definition des sozialen Kapitals nach Portes eingegangen. In diesem ressourcenorientierten Ansatz kann soziales Kapital einerseits familiär erzeugt und andererseits als Resultat außerfamiliärer

Quellen gesehen werden. Portes sieht die Rolle des sozialen Kapitals zwiespältig, da es neben positiven Effekten auf das Individuum auch mit Einschränkungen für dieses Individuum einhergeht. Wenn das Individuum das soziale Kapital des Migrantennetzwerkes nutzen will, muss es sich an die vom Migrantennetzwerk auferlegten Bedingungen halten.

Die Sozialkapitaltypisierung von *Faist* (1997) ist an das Konzept von Portes angelehnt. Auch sein Ansatz ist ressourcenorientiert, wobei in seinem Ansatz der relationale Aspekt berücksichtigt wird. Es wird versucht die Stärke der Beziehung, die die Art von sozialem Kapital beeinflusst zu integrieren. Soziale Netzwerke ergeben sich nach Faist aus Sets von sozialen Beziehungen. Die Muster der sozialen Netzwerke stellen den Handlungskontext des Akteurs dar.

Mit dem Transmigrationsansatz existiert ein weiterer Ansatz, der das soziale Kapital bei der Erklärung von Migration berücksichtigt. Ein Transmigrant zeichnet sich dadurch aus, dass er einer Erwerbstätigkeit im Zielland nachgeht, während er aus einer sozialen Verpflichtung heraus das soziale Netzwerk am Herkunftsort aufrechterhält und regelmäßig in sein Heimatland zurückkreist. Durch dieses Pendeln zwischen zwei Ländern wird der Lebensraum des Transmigranten über Ländergrenzen hinweg ausgedehnt und führt so zur Entstehung transnationaler sozialer Räume.

3.2.1. Kettenmigration

Der Einfluss von sozialen Netzwerken, Verwandtschaftsbeziehungen und Sozialkapital ist im Rahmen von Prozessen der Kettenmigration von zentraler Bedeutung. Kettenmigration wird von verschiedenen Autoren als quantitativ bedeutendste Migrationsform eingeschätzt. Eine Migrationskette entsteht, wenn durch eine erste Kontaktmöglichkeit in der Zielregion weitere Wanderungen erleichtert und damit begünstigt werden. Durch den Pioniermigranten erhalten potenzielle Migranten Informationen und Hilfestellungen. Durch Kontakte innerhalb sozialer Netzwerke werden Migrationsströme aufrecht erhalten. Aus Kettenwanderungen resultieren räumliche Konzentrationen von Verwandtschaftsnetzwerken und ethnischen Gemeinschaften in der Zielregion. Trotz einiger Untersuchungen im Rahmen der Forschung zur Kettenmigration ist der Einfluss sozialer Beziehungen auf Migrationsentscheidungen nicht eindeutig. Es lassen sich aber wesentliche gemeinsame Ansatzpunkte finden, denn im Vordergrund der Untersuchungen stehen die sozialen Beziehungen im Herkunfts- und Zielland. Soziale Beziehungen sind einer der wichtigsten Gründe für Entscheidungen zur Migration und zur Auswahl des Ziellandes, sowie des Arbeitsplatzes.

Die Basis des Erklärungsmodells bilden mikrotheoretische Ansätze, neuere Ansätze der Migrationsforschung und die Rational-Choice-Theorie. Es wird versucht das Phänomen der Kettenwanderung auf allen Ebenen, d.h. auf der Mikro-, Meso- und Makroebene, zu betrachten. Die Einheit der Analyse ist bei diesem Modell die individuelle Entscheidung, der Prozess auf der Makroebene wird als unintendiertes Resultat dieser individuellen Entscheidungen gesehen. Anhand des Modells soll erklärt werden wie stark der Einfluss sozialer Beziehungen bei Migrationsentscheidungen ist und welchen Einfluss soziale Beziehungen bei der Entstehung von Migrationsketten haben.

Das individuelle Entscheidungsmodell beinhaltet Hypothesen zum Einfluss sozialer Beziehungen auf die Migrationsentscheidung. Die ersten Hypothesen wurden von *Ritchey* (1976) formuliert. Die *Affinitätshypothese* besagt, dass das Vorhandensein von Verwandten und Freunden am Wohnort die Tendenz zur Migration begrenzt. Tiefe Verwurzelung in einer Gemeinde, starke lokale Verwandschaftsbeziehungen oder auch erwartete Erschwernisse bei der Assimilation in der Aufnahmegesellschaft können die Migrationsabsicht negativ beeinflussen. Leben Familienangehörige und Freunde an anderen Orten, so fördert dies nach der *Informationshypothese* erstens die Migrationsabsicht und richtet zweitens die Migration an diesen Ort, da die Lebensbedingungen bekannt sind. Nach der *Erleichterungshypothese* richten Familienangehörige und Freunde des Migranten die Migration, durch Hilfe bei der Anpassung an die Aufnahmegesellschaft, an den Ort, in dem sie bereits leben. Solche Hilfestellungen können von genereller Ermutigung und materieller Unterstützung bis hin zur Hilfe bei der Suche nach neuen sozialen Beziehungen oder Hilfe bei der Anpassung an die neue Umgebung reichen. *Hugo* (1981) erweiterte das Konzept um zwei weitere Hypothesen. Die *Konflikthypothese* betont, dass intrafamiliäre Konflikte und Zerwürfnisse als Anstoß für Emigrationsentscheidungen fungieren können. Eine Flucht vor der Enge eines Beziehungsgeflechts kann ebenfalls als Migrationsmotiv gesehen werden. In der *Ermutigungshypothese* wird der Migrant durch seine Familie kurz- oder langfristig zur Arbeitsmigration ermutigt, um die Sicherung des Haushaltseinkommens zu garantieren.

Anhand dieser Hypothesen wird deutlich, dass ein soziales Netzwerk am Herkunftsort sowohl migrationsfördernd als auch migrationshemmend wirken kann. In welcher Form eine starke Einbettung in soziale Netzwerke am Herkunftsort die Migrationsentscheidung beeinflusst, lässt sich nicht pauschal bestimmen. Die Berücksichtigung des jeweiligen Kontextes am Herkunfts- und Zielort ist notwendig um eine Ursachenkette von sozialen Netzwerken und Migration aufzuzeigen. Deshalb wird soziales Kapital in herkunftsortsspezifisches und zielortspezifisches Sozialkapital unterschieden. Generell ergibt sich ortsspezifisches Kapital aus speziellen Ressourcen mit territorial begrenztem Nutzen, die verloren gehen oder verringert werden würden, wenn die Person an einen anderen Ort ziehen würde. Örtliche Charakteristiken beeinflussen direkt die Erwartung, ob sich die individuellen Ziele an diesem Ort verwirklichen lassen. Demnach findet Migration statt, wenn bei einem Vergleich der ortsspezifischen Ressourcen an Herkunfts- und Zielort der Zielort attraktiver ist. Soziales Kapital ist ortsgebunden und kann sich durch räumliche Mobilität verringern, da es nicht "genutzt" werden kann.

Nach dieser Darstellung des Einflusses von sozialem Kapital auf die Migration wird im Folgenden der Zusammenhang zwischen sozialem Kapital und sozialer Integration beleuchtet.

4. Soziales Kapital und soziale Integration

Während bei der Migration herkunftsland- und aufnahmelandspezifisches Sozialkapital gleichermaßen eine Rolle spielen, ist bei der sozialen Integration nur das aufnahmelandspezifische Kapital relevant. Integration und soziale Integration sind voneinander zu unterscheiden. Die Integration allgemein meint die Angleichung an bestehende Strukturen der Aufnahmegesellschaft. Hingegen bezeichnet die soziale Integration die Angleichung der Beziehungsmuster durch Kontakte zu Mitgliedern der Aufnahmegesellschaft. Bei geringer ethnischer Homogenität des Freundeskreises und häufigem und erfolgreichem Kontakt zu Mitgliedern der Aufnahmegesellschaft spricht man von gelungener sozialer Integration. Fehlen interethnische Kontakte und werden ausschließlich Kontakte zu Mitgliedern der Herkunftsgesellschaft gepflegt, bezeichnet man diesen Zustand als ethnische Segmentation bzw. ethnische Selbstabgrenzung.

Um den Zusammenhang zwischen sozialem Kapital und dem Grad der sozialen Integration aufzuzeigen, werde ich im folgenden Abschnitt die Studie „Interethnische Freundschaftsbeziehungen und soziale Integration: Unterschiede in der Ausstattung mit sozialem Kapital bei jungen Deutschen und Immigranten" aus dem Jahre 2003 von Sonja Haug vorstellen.

4.1. Vorstellung der Studie

In der genannten Studie wird die soziale Integration von Migranten unter Berücksichtigung des sozialen Kapitals untersucht. Zur Datenermittlung standen mehrere Datensätze zur Verfügung. Eine Auswahl an ausländischen Staatsangehörigen ließe sich beispielsweise aus dem *Mikrozensus*, der *Ausländerstichprobe* des Sozio-ökonomischen Panels (SOEP) oder der *Repräsentativuntersuchung* des Bundesministeriums für Arbeit und Sozialordnung gewinnen. Um eingebürgerte Migranten ebenfalls zu berücksichtigen, muss zwischen Staatsbürgerschaft und ethnischer Abstammung unterschieden werden. Daher wurde für diese Analyse das *Integrationssurvey* des Bundesinstituts für Bevölkerungsforschung von 2000 verwendet. Die Stichprobe wurde nicht aus Melderegisterauszügen gezogen, sondern anhand von Nachnamen aus dem Telefonbuch ermittelt.

Interviewt wurden insgesamt 3.685 Personen im Alter von 18-30 Jahren. Deutsche, Türken und Italiener waren zu gleichen Anteilen vertreten. Ebenfalls gleichmäßig verteilt der Anteil an Männern und Frauen unter den Befragten. Von den italienischstämmigen Befragten waren insgesamt 36% im Besitz der deutschen Staatsbürgerschaft, wobei 74% dieser deutschen Staatsbürgerschaften auf ein deutsch-italienisches Elternpaar zurückzuführen waren. Ein ähnlicher Anteil an deutschen Staatsbürgern war unter den türkischstämmigen Befragten festzustellen. Hier waren es insgesamt 30% mit deutscher Staatsangehörigkeit. Im Unterschied zum Anteil der Italienischstämmigen mit deutscher Staatsbürgerschaft, lassen sich deutsche Staatbürgerschaften von Türkischstämmigen fast ausschließlich auf Einbürgerungen zurückführen.

Im Zentrum dieser Untersuchung liegt die Zusammensetzung der sozialen Netzwerke im Aufnahmeland. Die Hypothese dieser Untersuchung lautet, dass je höher die Anzahl an Kontakten zu Deutschen, umso höher ist auch das aufnahmelandspezifische Sozialkapital und damit die soziale Integration.

4.1.2. Ergebnisse

Zur Vorstellung der Ergebnisse werde ich nur die wichtigsten Erkenntnisse der untersuchten Bereiche hervorheben, um den Rahmen der Ausarbeitung nicht zu sprengen.

Bei der Ermittlung der **Größe des Freundesnetzwerks** kam die Studie zu dem Ergebnis, dass die Anzahl der Freunde stark mit der ethnischen Abstammung variiert. So konnte festgestellt werden, dass Deutsche signifikant weniger Freunde haben als Türken und Italiener. Daraus lässt sich folgern, dass türkische und italienische Migranten besser mit sozialem Kapital ausgestattet sind als Deutsche. Hierbei wird unter Vorbehalt unterstellt, dass Türken und Italiener entweder generell eine höhere Kontaktfreudigkeit aufweisen oder „Freundschaft" kulturell bedingt anders definieren als Deutsche. Die Analyse zeigte auch, dass Frauen, vor allem türkische, über weniger Freunde verfügen als Männer. Vermutlich liegt der Grund dieses Ergebnisses in der Definition von „Freundesnetzwerk". In der Studie sind damit

9

ausschließlich Kontakte außerhalb der Familie gemeint. Vor allem türkische Frauen pflegen kulturell bedingt einen engen Kontakt zu Familienangehörigen. Das soziale Leben findet daher eher innerhalb des Familiennetzwerkes statt.

Bei der Untersuchung der **Staatsangehörigkeiten in Freundesnetzwerken** kam man zu dem Ergebnis, dass Freunde im Allgemeinen in der Regel aus der eigenen Ethnie gewählt werden, die ethnischen Gruppen jedoch nicht völlig unter sich bleiben. Es wurde festgestellt, dass Migranten häufiger interethnische Kontakte haben als Deutsche. So nennen mehr als 40% der Türken und Italiener andere Nationalitäten innerhalb des Beziehungsnetzwerks, während bei den deutschen Befragten nur 23% interethnische Kontakte pflegen. Aufgefallen ist, dass Deutsche häufiger Kontakt zu Türken haben als zu Italienern. Das ist nicht verwunderlich, da türkische Migranten generell stärker in Deutschland vertreten sind als italienische Einwanderer. Italienischstämmige mit deutscher Staatsangehörigkeit haben am häufigsten Kontakt zu Deutschen, wobei Italiener der ersten Generation den geringsten Kontakt zu Deutschen aufweisen. Der Kontakt zu Deutschen steigt also im Generationenverlauf und mit der Einbürgerung.

Die **Multikulturalität der Freundesnetzwerke** wurde an der Anzahl der verschiedenen Staatsbürgerschaften der Freunde gemessen. Dabei wiesen Deutsche die geringste, Italiener eine mittlere und Türken die höchste Multikulturalität auf. Zur **Homogenität der Freundesnetzwerke** ist zu sagen, dass Deutsche die homogensten Netzwerke haben, während die Freundesnetzwerke von italienischstämmigen Migranten mit deutscher Staatsbürgerschaft die geringste Homogenität aufweisen. Ein Freundesnetzwerk ist homogen, wenn die Freunde unabhängig von der ethnischen Abstammung die gleiche Staatsbürgerschaft haben wie der Befragte. Generell haben Migranten mit deutscher Staatsbürgerschaft weniger homogene Netzwerke als diejenigen ohne die deutsche Staatsbürgerschaft.

Die Studie kommt schließlich zu der Schlussfolgerung, dass italienische Zuwanderer mehr aufnahmelandspezifisches Sozialkapital besitzen als türkische. Türkische Migranten wären daher schlechter sozial integriert als italienische Migranten. Des Weiteren wurde festgestellt, dass sich soziale Integration im Generationenverlauf erhöht. Es wurde deutlich, dass Migranten der zweiten Generation bedeutend mehr soziales Kapital besitzen als Migranten der ersten Generation. Bei der Untersuchung fiel ebenfalls auf, dass eingebürgerte Migranten besser sozial integriert sind als nicht eingebürgerte Migranten.

5. Fazit

Anhand der vorgestellten Texte konnte verdeutlicht werden wie stark die Migrationsentscheidung bzw. der Grad der sozialen Integration vom sozialen Kapital abhängig ist.

Soziales Kapital lässt sich in herkunftsort- und aufnahmelandspezifisches Sozialkapital unterscheiden. Aufnahmelandspezifisches Sozialkapital wirkt sich generell förderlich auf die Migrationsentscheidung aus, herkunftsortspezifisches Sozialkapital kann hingegen sowohl förderlich als auch hemmend wirken. Obwohl diese Differenzierung sehr sinnvoll erscheint ist zu beachten, dass sie auf der Annahme basiert, dass soziales Kapital ortsgebunden ist. Aus Sicht des Transmigrationsansatzes ist dieses allerdings zu widerlegen. Durch die Schaffung eines transnationalen Raums bleibt soziales Kapital weiterhin relativ uneingeschränkt nutzbar. Damit soll nicht vollständig widerlegt werden, dass soziales Kapital ortsgebunden sein kann. Ob das aus einer sozialen Beziehung resultierende Sozialkapital ortsgebunden ist oder nicht hängt vermutlich von der Stärke der Beziehung ab.

Aufnahmelandspezifisches Sozialkapital muss sich zudem nicht zwangsläufig positiv auf die soziale Integration auswirken. In der Studie wird von einem *mehr* an aufnahmelandspezifischem Kapital auf ein *mehr* an sozialer Integration geschlossen. In der Untersuchung werden unter aufnahmelandspezifischem Sozialkapital jedoch lediglich Beziehungen zu Einheimischen verstanden, Kontakte zu Mitgliedern der eigenen Ethnie im Zielland werden als herkunftsortspezifisches bzw. ethnienspezifisches Sozialkapital bezeichnet. Diese begriffliche Trennung wurde vorgenommen, um die Aussagekraft der Untersuchungsergebnisse zu steigern. Beziehungen zu Mitgliedern der eigenen Ethnie im Zielland erfüllen bei der Migrationsentscheidung allerdings eher die aufnahmelandspezifische Funktion des Sozialkapitals, demnach muss aufnahmelandspezifisches Sozialkapital nicht ausschließlich aus Beziehungen zu Mitgliedern der Aufnahmegesellschaft resultieren. Dies ist bei der Interpretation der Ergebnisse zu beachten, da nicht von einem Vorhandensein an aufnahmelandspezifischem Kapital auf soziale Integration zu schließen ist. Allerdings erweist sich aufnahmelandspezifisches Sozialkapital für die soziale Integration in der Aufnahmegesellschaft von größerem Nutzen als herkunftslandspezifisches Sozialkapital.

6. Quellenangabe

Haug, Sonja (1997): *Soziales Kapital: Ein kritischer Überblick über den aktuellen Forschungsstand.* Arbeitsbericht des Mannheimer Zentrums für Europäische Sozialforschung. Nr. 15. Mannheim.

Haug, Sonja (2000): *Soziales Kapital, Migrationsentscheidungen und Kettenmigrationsprozesse.* Arbeitsbericht des Soziologischen Instituts Leipzig. Nr.13. Leipzig.

Haug, Sonja (2003): *Interethnische Freundschaftsbeziehungen und soziale Integration.* In: Kölner Zeitschrift für Soziologie und Sozialpsychologie. Heft 4. VS Verlag. Wiesbaden.

Haug, Sonja. Pointner, Sonja (2007): *Soziale Netzwerke, Migration und Integration.* Franzen, Axel/ Freitag, Markus (Hrsg.). Sozialkapital. Grundlagen und Anwendungen. In: Kölner Zeitschrift für Soziologie und Sozialpsychologie. Sonderheft 47. VS Verlag. Wiesbaden.